はじめに

　1996年頃、著者はことばの教室（公立小学校の通級指導教室）の担当をしていました。ことばの教室の通級対象は言語発達に遅れがある児童ですが、コミュニケーションやソーシャルスキル、つまり、対人関係、状況の認知や社会的な判断力、衝動性のコントロール、フラストレーション耐性などに課題を併せ持つ児童も少なくありませんでした。ほどなく、言語をコミュニケーションの道具としてうまく使えないそれらの児童に、コミュニケーション＆ソーシャルスキルトレーニングの取り組みを始めました。当時はまだ、参考図書も少なく「ゲーム」「ロールプレイ風のなりきり遊び・会話遊び」「事実や意図を確認するためのマンガを使った会話」「状況の認知のための絵を使った説明学習」等々に取り組んではいましたが、試行錯誤の連続でした。

　その頃の通級児にAがいました。体育の時間のマラソン時には、突然、担任に「せんせーい！　みんながぼくばっかり追いかけてくるー！！」と訴えます。おにごっこでは、追いかけてくる児童を引っかいたり噛んだりすることもありました。Aについては、他者の認知、場の状況や社会的なルールの理解を促す学習を通して、行動の方法を学ばせていくのがことばの教室での目当になると考えました。

「ゲーム」では、ルールを知りそれを守ることの意味や、勝つことも負けることもあるという客観的な事実について絵を使って説明しました。クラスでのマラソンやおにごっこのエピソードから、追いかけっこゲームである双六遊びもよくしました。興味、関心のある絵を取り入れた手作り双六で、ゲームを楽しむことも経験できました。

　「ロールプレイ風のなりきり遊び・会話遊び」では、人形を使い、場面を再現して遊びました。予め把握しておいた友だちとのトラブルの場面なども、それとなく織り込むようにしました。

　ある日、こんなことがありました。Ａは「筆箱がなくなった。盗られた、あいつかもしれん！」と荒々しい表情で言い放ちました。いつものＡの行動から推測すると、どこかに置き忘れた可能性が高いのですが、本人にそれは意識できていないようでした。すぐに事実を確認し、思い違いに気づかせることが大切だと考えました。そこで、ある猫がくわえていた魚を自分で落としたにもかかわらず、次の場面で他の猫を疑っている絵を描いて「これを思い違いと言う。よくあること。筆箱もよくある思い違いかもしれないから、確かめに行こう！」と提案しまし

た。案の定、筆箱は自分の教室に忘れてきており、Aの怒りはおさまりました。すかさず、猫の絵のそばに吹き出しを描いて、著者の字で「ごめん、思い違いだった」とせりふを書き込みました。「事実や意図を確認するめのマンガを使った会話」は、こんなふうに進めていました。

「状況の認知のための絵を使った説明学習」では、学習研究社のイメージの再現学習「絵の説明」、DLMの配列絵カード、4コマンガなどを使い、場面の理解や人物の気持ちやせりふを考える学習をしました。場面に合わせて、簡単な絵を描くこともありました。「ソーシャルスキルトレーニング絵カード」（弊社刊）は、これが原型です。指導を続けるうちに、絵を使って説明をすると、場面状況の認知理解が飛躍的に高まる児童が多いことを実感するようになりました。しかしまだその時点では、児童の誤解やトラブル、失敗について振り返り、説明をすることが中心でした。できれば、トラブルや失敗を未然に防ぐような学習をしたいと考えました。

同時期に開設していた「ことばと発達の学習室」というホームページで、訪問者のお母さん方にもエピソードを提供してい

ただきながら、ソーシャルスキルトレーニング絵カードを自作しました。2001年の7月のことです。

　ところで、著者自身は、ソーシャルスキルトレーニング絵カードはあくまでも一教材であり、児童の実態に合わせて、それぞれの指導者に工夫をしながら柔軟に使っていただければ良いと考えています。そのため、発行した絵カードに指導事例を3例ずつ添付したり「ことばと発達の学習室」のホームページ上に掲載したりする他は、公の場で使い方の紹介は敢えてしてきませんでした。しかし、あちこちの現場で、この絵カードを活用していただくようになり「どう使えば良いのか、迷うことがある」とのお話を伺う機会が増えてきました。「色々な、使い方があっても良い」との基本的な考えは変わらないものの「編著者はどう使ってきたのか」を紹介するのも、務めかもしれないと考えるようになりました。具体的な指導事例については、別書「ソーシャルスキルトレーニング絵カード　指導事例集」を参照していただくとして、この書では、基本的なソーシャルスキルトレーニングについての著者の考えや取り組みについて書かせていただくことにします。

　　　　　　　　　　　　　編著者　ことばと発達の学習室　M

目次

1. ソーシャルスキルトレーニングとは？ ―― 7
2. コミュニケーション＆ソーシャルスキルトレーニングの実際 ―― 11
3. ソーシャルスキルトレーニングの中での絵の活用 ―― 23
4. 絵を使った　ストレスマネージメント ―― 31
5. 絵を使った　児童の特性理解 ―― 55

巻末資料 ―― 65
  参考文献
  ソーシャルスキルトレーニング絵カードの場面分類一覧
  ロールプレイ用プリント
  ストレスマネージメント用プリント

1. ソーシャルスキルトレーニングとは？

ソーシャルスキルとは、社会的、対人的な場面において円滑な人間関係を成立させ、いわば、うまくつきあっていくことができるために必要な社会的、対人的技術をさしている。（坂野　1995）

　乳幼児期にソーシャルスキルが未熟であるのは、当然である。自他の境界が明確ではないこの時期には、自分の視点や経験だけで捉えた事実を一般的な事実、真実だと思ってしまうことも少なくないからである。自分こそが正義であるのだ。それが自己中心的であるといわれる所以でもある。
　成長に従い、他者やその視点の存在に気づくようになる。他者から自分に向けられた視線にも気づき、反応を見ながら自分の行動を変えることもできるようになる。また、社会的立場役割の認知も可能になり、対人社会的なルールへの理解もすすんでくる。
　しかしながら、小学校の高学年になっても、それらの認知理解の弱さと、結果としてのコミュニケーションやソーシャルスキルの未熟がみられる児童も存在する。
　そこで行われるようになったのがソーシャルスキルトレーニングであるが、それに対しては「スキルは、周囲をお手本として、自発的に学んだり考えたりしながら獲得するものであり、場を設定して教えるものではない」との懐疑的な声もある。
　しかし、例えお手本があっても、雑多な情報から、内包されている本質を読み取る力が弱ければ、そこから学ぶことは難しい。だ

からこそ、情報を整理し本質的なことがわかりやすいように的を絞ったトレーニングの場が必要なのである。

　最近では、実態把握のための「ソーシャルスキル尺度」も各種、開発されている。実は、著者が、それを活用できるようになったのは、後述の（4．絵を使ったストレスマネージメント）からである。それまでは、児童の行動や担任と保護者の対応などのエピソードから、必要なソーシャルスキルを探り、優先度やトレーニングの順序も未整理のまま、すべて同時進行をしていた。その試行錯誤の様子が次の（2．コミュニケーション＆ソーシャルスキルトレーニングの実際）である。

　担任や保護者からの情報を整理し、子どものリアルな状態像を捉えることは重要である。尺度と照らしながら、それをより客観的に捉え直すことで、より適切で計画的なプログラムの作成や指導が可能になる。

2. コミュニケーション＆ソーシャルスキルトレーニングの実際

　匿名性を保つため大幅に変更をしたものであるが、以下、絵を使ったソーシャルスキルも含めた「コミュニケーション＆ソーシャルスキルトレーニングの実際」を紹介する。

B 児

指導期間： 5年生10月より6年生3月までの1年6ヶ月

経過： 1才半健診でことばの遅れを指摘されたが、3才時には年齢相応の改善が見られた。積み木の文字やナンバープレートの数字に強い関心を示していた。1年生の時には、声の大きさを調整することが困難であり、机の整理整頓ができずに癇癪を起こすことがしばしばあった。2年生の時に、集団でのトラブルが頻発し始めた。些細なことで感情を爆発させ、止めようとした児童に攻撃的な行動をとることも少なくなかった。

アセスメント： WISC-Ⅲ知能検査では、言語性に比べて動作性IQが有意に高く、認知のアンバランスが見られた。聴覚的短期記憶、視覚的探索等が高かった。語彙も豊かで言語発達は良好であるように見受けられたが、言語概念形成、既知の事実の活用で判断する力、経験や教育からの一般知識の弱さ、結果を予測する力、場面認知、意味情報や因果関係を捉えることに困難な様子が見られた。

学習面は、国語では表面的に事実を読み進めることはできるが、それらを関連付けながら読むことには困難があった。物語文で、登場人物の心情を推し量ったり行間を読むことが特に難しかった。

学校生活では場面状況理解の弱さが顕著に現れた。「自分だけが集中攻撃される」と思い込むことも多く、周りの児童たちには「な

ぜ、そのような些細な事で怒るのか」と受け取められていた。

　家庭では大きな問題はなかった。特に母親は、Bの特性を一定把握していた。早くから、生活の中で自然に学べるはずの常識やルールが、Bにはなかなか身につかないことを察知し、その都度、ていねいに教えることを繰り返していた。それに対してBは、母親のことばの一字一句を正確に復唱し理解しようとした。自分で考えることは苦手だが、教えられたことを暗記することで、事態に対処してきたのである。

　教育援助の方法と計画： パターンや手順が明らかなことには問題なく取り組めるが、新しい課題には戸惑うという傾向が見られたため、学習の手順を明確にしていくことが重要であると考えた。社会性における問題は大きく、クラスメイトとのトラブルが多かった。これは、ことばの表面的な理解が多く、比喩や冗談なども文脈から理解することが困難なこと、相手の意図を理解したり気持ちにそった行動をすることが難しいためであった。週に1回1時間の個別指導をした。状況や相手の気持ちの理解を助けたり、対処法を提示したりのソーシャルスキルトレーニングが中心である。

(1) 場面状況理解の力を育てる

　絵図を使って、複数の情報を相互に結びつけて考えさせる方法が有効であると考えた。見えないものを思い浮かべるのが苦手なBの語の概念の明確化のためヒントを出してことばを当てるゲームも取り入れた。

(2) 人の気持ちや意図の理解・推測の力を育てる

　絵図を使って、人の気持ちや意図を時間的空間的な文脈の中で捉える学習を計画した。又、視点を置き換えることで、他者を意識させることも考えた。

(3) 社会での約束事や常識を認知し対処する力を育てる

　さまざまな場面を設定したソーシャルスキルトレーニング絵カードや、Bが経験したトラブルを教材に、場面の意味や解決のための見通しや手順、対処法を知る学習も計画した。思考の特性にそった状況の説明文やロールプレイも取り入れた。

教育援助の経過：第1期： 5年生10月～3月

	場面状況認知・理解	自己コントロール
指導内容	DLM配列絵カード、4コママンガ	ソーシャルスキルトレーニング絵カード使用（見通し、手順、相手の気持ち、ルール、約束、常識、対処法）
	生活文（常識）	続きの文作り（予想、展開）
	科学の本（知識や考え方）	トラブルのロールプレイ
	概念（仲間、反対、スリーヒント）	ソーシャルストーリー
	比喩、連想、慣用句	

　場面認知の力を育てるためDLM配列絵カードや4コママンガを使い、情報の細部に注目させ、それらを相互に結びつけて考えさせる指導をした。その他、概念や知識、常識について知らせることも意識した。見えないものや事態を想定するのが苦手なBの語の概念の明確化のため「遊具です。座って使うことも立って使うこともあります。『ブ』がつきます」などのヒントを出すスリーヒントゲームは有効であった。

　一方、見通しを持ち、感情をコントロールしながら事態に対処していく力を育てるために、ソーシャルスキルトレーニング絵カードや、続きの文作りの教材を使い「だれかの大切にしているものを壊して黙っていたらどうなるか」などの具体的場面を設定し、その対

処法の学習もした。社会的なルールや約束などについての学習にも絵カードを使用した。

B児のソーシャルスキルトレーニング絵カードの使用事例

① 「この財布はだれのですか？」 連続絵カードA-11

　お店で拾った財布はだれに届けるか、そしてその時は何と言えば良いのかを考えた。Bは「お店の人に『おじさん、この財布はだれのですか』と言って渡す」と答えた。お店の人もだれの財布かは知らないのだということが咄嗟にはわからなかったようであった。そのことを絵図を使って、順に説明すると「あ、そうか」とすぐに納得することはできた。

　このように、Bはていねいに説明をすればわかる力を持っている。けれども、説明をしないと意外な程にわからないことが多い。このままでは、クラスで混乱をしたり誤解が生じたりすることも、当然、あるだろうと実感した。

② 近所のおばさん　連続絵カードB-2

　男の子とお母さんが3時に出かける約束をしていた。お母さんは近所のおばさんとおしゃべりをしており、3時になっても、そのおばさんは帰りそうもない。男の子はおばさんに「早く帰れ！」と怒ったという話について考えた。Bは「話に夢中になって3時に

なったのに気がつかなかったのと違う?」とおばさんをかばうような答えをした。「おばさんは悪くないのだね。おばさんに帰れと言うのは可愛そうだね」と、Bの推測を肯定した上で「でも、このおばさんは、男の子とお母さんが出かける約束をしていたことを知っていたの?」と聞いてみた。しかし、その言い方では、わからないようであった。「2人が約束をした時、このおばさんはそばにいた? 2人の約束を聞いていた?」と再度聞くと、やっと「あっ、そうか。いなかったのなら聞いていないし、約束のこと、知らんのや」と答えてくれた。

③ 中学生のたばこ 状況の認知絵カード2-10

　中学生が数名集まってたばこを吸っているところに、小学生の子が近づいて行ってたばこは20歳にならないと吸ってはいけないと言っている場面について考えた。だめなことはだめと言い切る正義感を教えたい場面ではあるが、そうすることで、その小学生には、乱暴をされるなどの危険性もあることは教えていかねばならない。「この中学生たち、たばこは20歳にならないと吸ってはいけないことを知っているのだと思う?」と聞くと「知らないと思う」と意外な返事が返ってきた。中学生は知らないと思っているのなら、知らないことは教えてあげようとのストレートな言動に繋がりやすいのは明らかである。ここではまず、そうではないだろうということを確認させる必要がある。「そうかな? 中学生だから、その事は今までに何回も聞いて知っていると思うよ」と説明した上で「知って

いるのに吸っているのだとして、その中学生に対してこの小学生が『たばこは20歳にならないと吸ってはダメ』と言った。この中学生は吸うのをやめるかな？」と聞くと「やめないと思う」と答えた。やめさせるためには、大人の人から言ってもらう方法もある。そのことを伝え、自分の身を守るために間違いを指摘するのを避けるのも適切な対処法であることを知らせた。

④「なんだ、80点か」状況の認知絵カード2-12

100点を取った子が、そばの子のテストが80点であるのを知って「なんだ、80点か」と言っている。これはBにも日常的にあることである。例え自分は事実を言っただけのつもりでも、そのことばが人を傷つけることもあるのだということを教える必要があった。

教育援助の経過：第2期： 6年生4月～12月

	対人認知・理解	ソーシャルスキルトレーニングプレイ（小集団）
指導内容	他の人から見た物の絵	ジェスチャー
	他の人から見える物	宝探し迷路ゲーム
	物語文の登場人物の心の動き	ビンゴゲーム
	視点を変えた文作り	オセロ

Bは人の気持ちや意図をそれ以前の関わりや経験などの文脈の中で捉えることが苦手である。そのため、言ってはならない不適切なことを言ってしまい、友だちを傷つけてしまうことが多いわけで

ある。しかし逆に、教師や友だちからの否定的な言い回しのことばに対する勘違いも多く、必要以上に傷ついてしまうことも度々あった。物事を黒か白かで判断してしまう傾向もあり、中間の世界の幅が狭く、小さな失敗をことさらに大きく感じて不安に感じてしまうことも少なくなかった。

　そのため、対人認知、人の気持ちや意図の理解・推測の力を育てるために、自分とは違う位置にいる同室の他の人の視界にあるものを推量させたり、物語文の登場人物の心の動きを推測するなど役割取得能力を高める学習に取り組ませた。人と人の関わりを絵にしたカードを見て、例えば「男の子が、女の子に思い切り強くボールをぶつけた」「女の子は、男の子にボールを強くぶつけられた」など主語、立場を変えての文作りもした。また、月1回、3～4人のグループでのプレイにも取り組んだ。ゲーム展開や勝敗の予想がつきにくく、大逆転もありうるオセロや宝探し迷路ゲームに取り組む中で、自分だけではなく相手も、同じような状況や立場にあることを意識させるようにした。1～2学期、これらの取り組みを継続した結果、次第に、かつて自分が混乱状態に陥っていた時と同じような場面で「大丈夫やで、○○君」とグループの友だちを気遣う言動も見られるようになってきた。

　しかし、その成長とは裏腹に、在籍クラスでの課題は前年度より大きくなってしまった。6年になり担任がかわった5月、宿題や持ち物の忘れ物の多さを指摘されたことがきっかけで学校を休みがちになった。自由題材の新聞作りなど、指示が少なく幅広い自由な発想力を求められる宿題が特に提出しにくかった。その後も、提出物

を出せなかったり課題をやりきれなかったりしたことが不安材料になり、断続的に登校しぶりが続いた。10月の半ばにあった遠足の前日、担任は「明日、8時までに教室に来なかったら遠足には行けないよ」と児童全員に話した。担任にとっては、遅刻させないための警告だったのだが、その日、8時をわずかに過ぎてしまったBは、担任のことばを真に受け、パニックになってしまった。

ことばを額面通りに受け止めてしまったり、遅れたらどうするかを具体的に教えてもらわないとわからないBの状態を、周囲に理解し配慮してもらうことは難しかった。

教育援助の経過：第3期：　6年生1月～3月

	社会的ルール・対人関係	ソーシャルスキルトレーニングプレイ（小集団）
指導内容	忘れ物の優先順位	的当て
	放課後の遊びの中でのトラブル	UNO
	放課後のお金の使い方	ジェスチャー
	自分を知る	電車バス乗り継ぎゲーム

忘れ物は相変わらず多かったが、この時期、Bの不安定な様子を危惧した担任は、以前のように頻繁に忘れものの指摘をすることは避けるようになった。クラスでは、赤鉛筆や下敷きなどの忘れ物がある時には、そのすべてを教室据え置きのノートに書き込まなければならなかったが、Bは指摘されなくなってからは、それをしなくなっていた。ある意味、Bの心の負担が軽くなった時期である。そ

れを見計らって、持ち物にも優先順位があることを教えることにした。「他に代わりがないもの、提出期限が決まっているものから忘れないように気をつけていこう」とBに持ちかけた。宿題や提出物には代わりはないが、赤鉛筆は色鉛筆の箱の中の赤で代用できるし、下敷きはなくても書くこと自体はできるということを教えた。他の子には当たり前のことであろうが、Bにとっては全く思いつきもしないことのようであった。

　この頃には、小集団でのソーシャルスキルトレーニングのプレイは、Bの楽しみになってきていた。自然発生的にリーダー的な役割も担うようにもなっていた。心の拠り所の場所にもなり、登校しぶりの問題も乗り越えつつあった。しかし、他の場ではほとんど、ぼんやりと1人で過ごしていることが多く、友だちから声をかけられれば応答はするが、会話がかみ合わなかったり、場に合わない突飛な発言や行動も見られたりした。言ってはならない不適切なことばを言ってしまうこともあった。そのため、クラスの児童の目には、Bはまだ特異な存在としか映っていなかった。ただ、前学年の頃のように、友だちのことばを攻撃的意味だと誤解し、パニックを起こすなどの行動は大幅に減った。自分の思い違いもあるかもしれないと理解し、すぐに感情を爆発させることなくコントロールし、ワンクッションおくスキルも少しずつ身につけていた。

　思春期に向けて、自己有能感や肯定感を育んでいくためには、自分自身への理解を深め、自分の感覚や感情、認知の特性を知っていくということが大事になってくる。自分を知ることは、周囲との折り合いをつけながら対処法を身につけていくためにも重要である。

Bのこれまでのエピソードで言えば、例えば学習の中で「ひとつわからないことがある」と「他のものもすべてわからない」と感じ、混乱して次への取り組みができにくくなるということがあった。それを「だいたいわかった、でもここだけわからなかった」「だから、そのことを次の時に考えてみよう」というように切り換えていくための援助が必要であるということでもある。

　社会の中でうまく人と関わっていくためには、具体的な行動のルールやマナーを身につけること、社会や人を認識し、自分以外の視点に気づき、他者と折り合いをつけていくスキルを身につけることが必要である。Bにも、一貫してその立場での指導を続けた。その結果、自分の行為や言動の及ぼす影響に目を向け、それをコントロールする力も次第に育ってきた。コミュニケーション力については、繰り返し学んだソーシャルスキルを実際の場面に当てはめて対応をする一定の力は育ってきた。想像力の弱さとそれに基づく行動に関しても、人と自分には立場の違いがあるのだということに気づいてきた。

3. ソーシャルスキルトレーニングの中での絵の活用

行動を単に刺激と反応の接近や連合だけで説明するのではなく、予測
や判断、思考や信念体系といった認知的活動が行動の変容に及ぼす機
能を重視し、認知が行動に影響を及ぼすと考える。（坂野　1995）

　これが、場面状況や対人認知、考え方や価値観、イメージなども
含めた認知の課題への働きかけを重視した「認知行動療法としての
ソーシャルスキルトレーニング」の取り組みのきっかけである。
　ソーシャルスキルを体系的に教える場合は、以下の (1) ～ (5) の
流れ [1] になる。余談になるが、このうち、著者が絵を活用したのは
(1) ～ (3) であり、別書「ソーシャルスキルトレーニング絵カード
指導事例集」は (1) のインストラクションにあたる部分である。

(1) インストラクション（言語的教示）
(2) モデリング（見本・まねる）
(3) リハーサル（模擬・ためす）
(4) フィードバック（誉める・なおす）
(5) 般化（使う）

(1) インストラクションは、文字通り、スキルをことばで教えるこ
とである。絵を使ったソーシャルスキルトレーニングでは、場面状
況の理解を促すために、絵の中の複数の情報を相互に結びつけて考
えさせるわけである。また、人の気持ちや意図の理解・推測の力を

1　「ソーシャルスキルトレーニングの流れ」（小林・相川　1999）

育てるのにも、人物の絵を使い、視点を置き換えさせることで他人を意識させるようにする。社会での約束事や常識を認知したり対処法を学んだりするのにも、絵の使用は有効である。

(2) モデリングは、スキルの見本を示し、まねをさせることである。ここでは、絵は、視点を複数の他者のそれぞれに集中させる時のツールとして使用する。初めに不適切なスキルの見本を示し、それがどんな結果を招くのかを見せ、対比させる形で適切なスキルや対応の見本を示すようにすると、興味が持続しやすい。

(3) リハーサルは、実際に試してみることである。ここでロールプレイをする場合も、人物や場面の絵を使うと良い。

(4) フィードバックは、学んだスキルをより良いものに変えていくのが目的である。「ここが上手」「そこは、こうしたらもっともっと良くなる」などの肯定的な表現を多用するようにしたい。

(5) 般化は、学んだスキルを、使い定着させていく場である。実際は学級や地域社会がその般化の場であるが、通級教室では、グループプレイの場をその前段階の場として位置付けた。

　つまり、通級教室の個別指導ではインストラクションからフィードバックまでを行い、グループプレイの場で般化を行うという流れになる。

モデリングとリハーサルの部分にあたる絵を使ったロールプレイについて紹介する。プリントを使って場面や相手をイメージさせた後で、見本をまねさせたり、より良い方法を教えながら練習を繰り返すようにした。場面に登場する相手を意識し集中させるため、人物の絵を使用した。なお【12の基本ソーシャルスキル】（小林・相川　1999）を参考にさせていただいた。

【12の基本ソーシャルスキル】（小林・相川　1999）

1. あいさつ　2. 自己紹介　3. 上手な聴き方　4. 質問する　5. 仲間の誘い方　6. 仲間の入り方　7. あたたかい言葉かけ　8. 気持ちをわかって働きかける　9. やさしい頼み方　10. 上手な断り方　11. 自分を大切にする　12. トラブルの解決策　を考える

絵を使ったロールプレイ

あいさつ、お礼

　ソーシャルスキルトレーニングのモデリングやリハーサルの部分を、絵を使ったロールプレイで取り組んだ。あいさつや自己紹介では、その相手がどんな人であるかでことばの使い方を変える必要がある。絵を見て、相手を意識しながらのロールプレイは、理解しやすかった。

ロールプレイ-1
基本：あいさつ、お礼、あやまる

あいさつ

お礼

あやまる

話し方の違い
　→ 大人と友だち

　→ 初めて会う人と
　　いつも会う親しい人

・予めことばを考えて書き込んでから練習する。
・先に練習してから後からまとめとして書き込むほうが良い子もいる。

上手な答え方、質問の仕方

　尋ねられたことに答えることはできても、自分から人に尋ねることは難しい子は多い。尋ねられてわからない場合は「わからない」ということを、ていねいなことばではっきりと伝えることも必要である。尋ねる場合も、先を急いでいるような人を避けたり、普段よく話す年代の人を選んだりなど細かな場面まで決めてロールプレイに取り組んだ。

ロールプレイ-2
尋ねられる・尋ねる

駅へ行く道を尋ねられる
- わからない時や答えたくない時ははっきり言う
- わかったらていねいに答える
- お礼を言われたら

駅へ行く道を尋ねる
- あいさつ
- 都合をたしかめる
- 内容
- お礼

時刻を尋ねる
- あいさつ
- 都合をたしかめる
- 内容
- お礼

遊び参入スキル　（仲間の誘い方、仲間への入り方）

　「やくそくをしよう」では地図上で人形を動かしながら（いつ……電話をしてから4時まで　どこで……公園で　何を……砂遊びを）を決める形でのロールプレイに取り組んだ。待ち合わせ時の勘違いとすれ違いの様子を地図上で現わすことなどで、相手の都合や気持ちと自分のそれとを重ね合わせて考えることが可能になり、折り合いをつけることを学ぶこともできた。

ロールプレイ-3
約束

やくそくをしよう
- いつ（何時頃から何時頃まで）
- どこで（場所）
- 何を（何の遊びを）
- 待ち合わせ（いつ、どこで）

やくそくをへんこうしよう
- あやまる
- 理由
- 代わりの方法
  （へんこうの内容）を話す

やくそくをことわられた
- 友だちの話を聞く
- 代わりの方法
  （へんこうの内容）を
  確かめる

ロールプレイ-例
（地図と人形を使って）

やくそくをしよう

この子と遊びたい
（○○○くん）

◆ いつ（何時頃から何時頃まで）
　電話をして4時まで
・ どこで（場所）
　青公園
・ 何を（何の遊びを）
　砂遊び

◆ 待ち合わせ
　・ いつ（時刻）
　　電話をして10分後
　・ どこで（場所）
　　青公園

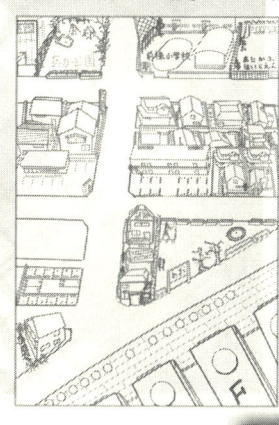

優しい頼み方・上手な断り方

　よくある日常的な場面でも、どのように言えば良いかがわからない場合もある。相手の返答次第で、臨機応変に言いかえるなどは至難の業である。基本のパターンを練習した後、相手の反応も数パターン用意し、それによって自分の受け答えも変える必要があることも教え、何度も練習をする必要がある。ロールプレイでのリハーサルやフィードバックの役割は大きい。

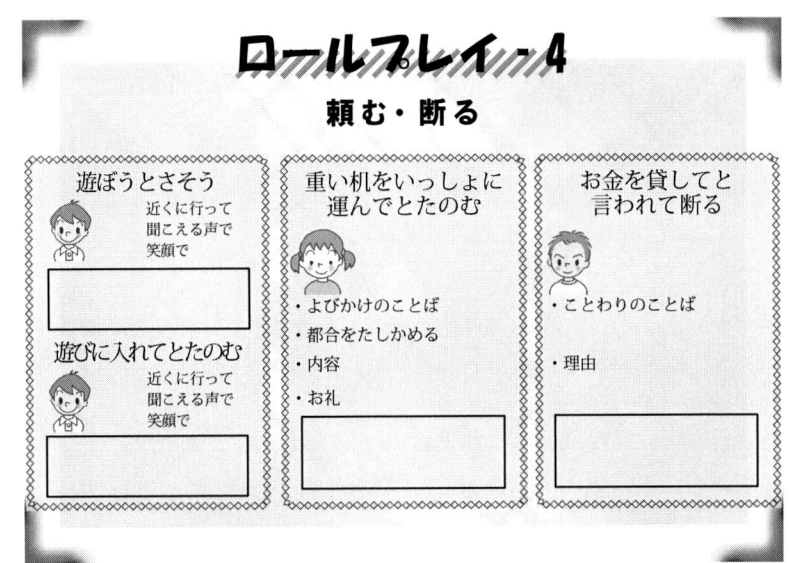

4. 絵を使ったストレスマネージメント

　匿名性を保つため大幅に変更をしたものであるが、C児の絵を使ったストレスマネージメントの取り組みについて紹介する。

グループ指導の場でスキルの般化の機会も作ったわけであるが、日常場面での般化という事では大きな困難が見られた。個別やグループの場では可能な感情や行動の調整が、日常的な学級集団の場では急激に困難になってしまうようであった。知識として得たソーシャルスキルを集団の場で活用するには、自分の混乱状態を知りそれを調整する力、つまり自らのストレスをマネージメントする力に焦点を当てた指導が必要ではないかと考えた。それが、絵を使ったストレスマネージメントの取り組みのきっかけである。

C児

　Cは、気になることから気持ちをそらすことが極度に困難な児童であった。叱責されると怒りがエスカレートし易いなどの、感情の制御の困難も併せ持っていた。指導に際しての担任や保護者からの情報の収集には「児童の行動と対応　記録表」とソーシャルスキル尺度[2]を活用した。その尺度からは、集団行動への参加やルール順守の困難、感情や行動のセルフコントロールの弱さが顕著であることがわかった。また、仲間に対する興味関心が弱く、コミュニケーションの課題では、嫌なことは嫌だと言えるなどアサーションは、一定可能だが、全体の意見に耳を傾けたり、決まった意見に従うなどの話し合いのスキルの面では弱さがあることもわかった。WISC-

---

2　ここでは「ソーシャルスキル尺度（上野・岡田　2006）小学生用」を活用

児童の行動と対応　記録表

月日	場面状況	児童の行動	教師の対応	教師の対応への反応	友だちの反応行動
例	授業中プリントをする時	「こんな簡単な問題するのいやだ」と言ってしようとしない	「授業だから、するべきものはしなさい」ときっぱりとした口調で言う	「やらない」と言って、そばにあった本を読み始める	いつものことといった様子で、ほとんどが自分の課題を黙々とこなしている

Ⅲ知能検査においては、場面状況理解、自己や対人理解の弱さが見られるが、絵図を使った同時処理、視覚的な情報での説明が有効であることが推定された。以下の指導を計画した。

レッスン1） 色々な感情の存在に目を向ける
レッスン2） 自分自身の感情に目を向ける　Ⅰ
レッスン3） 自分自身の感情に目を向ける　Ⅱ
レッスン4） イライラ度を数値化することに慣れるとともに、その後のことばについて考える
レッスン5） イライラ度を数値化することに慣れるとともに、その後の行動について考える

レッスン1）色々な感情の存在に目を向ける

a. 状況の認知絵カード2-22の「色々な気持ちや感情の絵」を見てどんな時の様子かの話をする

「やったあと思うのはどんな時？」
「わくわくするのはどんな時？」
「たいくつなのはどんな時？」
「こわいのはどんな時？」
「つかれたのは何をした時？」
「はらが立っておこってしまうのはどんな時？」
「くやしいのはどんな時？」
「かなしいのはどんなことがある時？」

「がっかりするのはどんな時？」
「楽しい時、うれしい時は？」
「まんぞくなのは、どんな時？」

　もともと表情の変化の少ないＣであったが、くやしいこともかなしいことも楽しいことも、表情を変えず、自分の経験に基づいたものではないような一般的な出来事について淡々と答えた。そこで、指導者の方も「人の気持ちはいろいろある。だれにも、うれしいことも、かなしいことも、くやしいこともある。怒ってもいい。大事なのは、その後に、どう行動するか。そんなことも、勉強をしていこう」と言うにとどめた。

b. 怒りの感情について、イライラ秤ワークシート「こんな時、何イラ？」を使い、数値化する

「この子、トランプのゲームに負けた。負けて悔しそう。その悔しい気持ちをこのイライラ秤で測ってみたらどのくらいになるだろう？　この左がゼロ、右に行くほどイライラが大きくなって、一番右は、もう絶対にいや！　という10。この子の悔しさ、どのくらいだろう？」
「べつに……」
「うん。負けてもこんなふうには、悔しそうに見えない人もいるけど。この子は、カードを放り出すぐらい悔しいみたい。もうゲームの続きをするどころではない位に悔しいのだろうね。どのくら

いかなぁ……このくらい？」（反応が弱いので、こちらからイライラ秤の5を示す）
「もう少しこっち」（イライラ秤の8を示す[3]）
「この子はかなりイライラしていそうだものね」

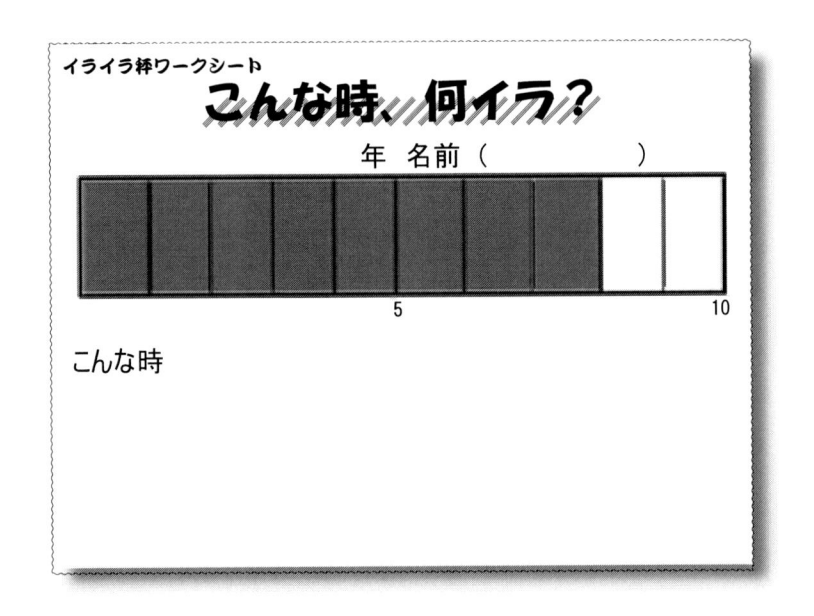

イライラ秤ワークシート
こんな時、何イラ？
年　名前（　　　　）

5　　　　　　　　　　10

こんな時

3　示した箇所に、イライラ秤と同じ幅と長さの赤色の帯状の厚紙を置くと良い。あとで出てくるウキウキ秤にはオレンジなどの厚紙を使う。

使用例　連続絵カード B-8　（　A-2、A-12、B-4、B-5、C-4、C-9　等　）

C. 連続絵カードの場面での相応しい行動について話しあう。わからないところは説明をする。

「この子、もういやだと、トランプを放り投げてしまったね。負けるのがいやだったのだろうね。でも、ゲームは、勝つこともあるし負けることもある。この子が勝った時には、ほか子が負けているし、この子が負けた時は……ほかの子が勝っている？」
「たぶん」
「ゲームでは、勝つことも負けることもある。では、この子に、どうしたら良いか言ってあげて」

「トランプを投げたらだめ！」
「投げないで、どうする？」
「ゲームをする」
「ゲームに参加したら、勝つことも負けることもある。『また負けた！　悔しいし、もう１回やろう』と、ワイワイ言いあうのも楽しみ方のひとつかもしれないね」

d. イライラ秤を普段も使ってみるように提案する

「今日はこれで終わり。次の時まで、今日、練習した、伝授したイライラ秤の術の練習をしておいてね。何かイライラすることがあったら『これは何イラぐらいかな』と、今日練習したように数字にしてみて。このイライラ秤の術は、修行すればするほど上手になる術だから」

レッスン２）自分自身の感情に目を向ける　Ｉ

a. 自分のクラスでもイライラ秤を使用できたかどうかを確認する

「今日は学校で、何か、いやなこと、腹が立つこと、イライラすることはあった？」
「別に……」
「そう。なかったら、それは一番良いことだね。この前、伝授したイライラ秤の術、使える場面はあった？」

「別に……」
(文字と○や×や矢印などを使いながら、以下の説明をする)
「先週、色々な顔の絵で、気持ちの勉強をしたね。うれしいことも、悲しいことも、くやしいこともあった。たいていの人は、毎日、そんな気持ちの変化を繰り返している。良いことがあったらうれしいし、いやなことがあったらくやしいのはあたりまえ。イライラして怒ってしまうこともある。怒っても良い。大事なのは、怒った後にどう行動するか。自分の伝えたいことはしっかり伝える。相手のことも考えてみる。まずは落ち着く。落ち着くための道具がイライラ秤の術。修行して、うまく使えるようになろう！教室でも使って、どんな時に使ったか、教えて」

使用例　連続絵カード A-12

b. 前時の連続絵カードの場面のおさらい
イライラの数値化と、相応しい行動の確認（解決策を知っていればイライラ度は下がる）

「これ、先週、見た絵だけれど、どういうことだった？」
「ほかにも手をあげている人がいる」
「そうそう。そういうことだったね。この子は、はやく答えたいのだけど、ほかにも答えたいと思って、手をあげている人がいる。この子の後ろや横にね。でも、なかなか当たらないのはいやだね。イライラ秤でどのくらい？」
「このくらい」（イライラ秤の3を示す）
「当てて欲しいけれど、順番だものね。当てられたお友達が発表している時には、どうすれば良かった？」
「聞く」
「できている？」
「わからない……」
「イライラ秤の術、修行が必要だものね。修行を続けよう」

C. ふりかえりワークシート「ガッカリ ムカムカ イライラしたことは？」を使い、自分の最近の出来事とその時の体や心の状態についてイライラ秤で数値化したりことば化したりする
（がっかり、あせり、悔しさ、怒りなどの感情を受け容れて、その後どうしたら
　良いかを考えることの大切さを確認する）

「家でも学校でも、毎日、楽しいことばかりではないね。いやなこと、くやしいこと、イライラすることもある。他の人も、多分、お母さんもお父さんも先生も同じ。今日は、そんなことを教えて。今日、いやだなと思うことはあった？」
「あっちへ行けと言われた」
「だれに？」
「わからないけど、多分、5年か6年」
「どこで？」
「外、運動場」
「C君は何をしていた？」
「字を書いていた」
「鉛筆で？」
「違う、棒」
「地面に棒で書いていたのね。5年か6年のその人は何をしていた？」
「知らない」
「その人のそばに誰かいなかった？　何人かで例えばドッジやサッカーをしていたとか？」
「知らない」

ふりかえりワークシート

「ガッカリ ムカムカ イライラしたことは？」

年　名前（　　　　　　　　　）

できごと	どんな感じ？
(例) 漢字のテストを返してもらった。 100点だと思っていたのに、最後をはねていないだけでペケにされたのが10こもあった。80点だった。	むかつく。腹が立つ。 もうテストなんかしたくない

「よくはわからなかったのね。もしかして、周りをよく見たら、そこはドッジのコートの中だったということもあったかもしれない？」
「違う」

「そう、違うかもしれないけどね。コートの中でもないのに『あっちに行け』と言われらいやだよね。何イラ？」
「このぐらい」（イライラ秤の 9 を示す）
「もう 1 つの場合。ドッジのコートがあって『危ない、ボールが当たるからあっちに行け』という意味だったら？」
「違う」
「違うかもしれない。でも、また今度、そういうこともあるかもしれない。そうだとしたら何イラ？」
「違う」
「そう、今回はそれとは違ったのね」

d. 連続絵カードで場面の追加

「今度はこの絵を見て。この子は何をしている？」
「テストを破っている」
「そう。どうして破っている？」
「いやだから」
「何が？」
「25 点って書いてあるし」
「いつもは、もっと良い点を取っているのかな」
「25 点なんて、ありえない」
「そう。ありえないと思う点だったら、ショックだろうね。イライラするね。どのぐらいのイライラ？」
「このぐらい」（イライラ秤の 10 を示す）

「ありえないと思うぐらいのことだものね。そんなありえないことが起こったのなら、確かめてみたいね。ありえない間違いをしたのはどこか。破ってしまったら、その確かめもできなくなるからね」

「……」

使用例　連続絵カードA-7　（　B-1、B-2、C-4、C-13　）

e. ゲーム

　ジェンガ、ダーツ、オセロ、宝探し迷路、室内野球、カードゲーム類、ドンじゃんけん、スリーヒントゲーム、ジェスチャー、ルーレット、風船バレー、ビンゴゲーム、クロスゲーム、お話作り双六、銀行ゲーム等から２〜５つの選択肢を用意する。好きな遊びを選ぶことができるのも大事な力である。

レッスン 3) 自分自身の感情に目を向ける　II

a. 自分のクラスでもイライラ秤を使用できたかどうかを確認する

「今日は、来るのが遅かったね」
「家を出る時にいやなことがあったから」
「えっ、何？」
「言えない」
「内緒？　言いたくないこともあるだろうし、聞かないけど……どうやって自分の気持ちを落ち着かせた？」
「ゆ～っくり、ゆ～っくり、自転車をこいで来た」
「そうやって、来てくれたのね。来てくれて良かった。クラスで、いやなことやイライラすることは、日に何回ぐらいある？」
「2 回か 3 回」
「自分のイライラがわかって、それを覚えているということは……イライラ秤の術が、上達してきたのでは？」
「イライラ秤、していない」
「そうなの……まあ、イライラ秤の術より良く効くＣ君の術があれば、それでOK。イライラにブレーキをかける術の修行を続けてね」

b. 前時のふりかえりワークシート「ガッカリ　ムカムカ　イライラしたことは？」の場面のおさらい

「前の時に書いたふりかえりワークシート。5、6 年の人にあっち

へ行けと言われたのだったね。イライラ秤で9だったね。でも、もしかして何かわけがあったかもしれないという話をしたね。何だったか覚えている？」
「ドッジボールをしていた」
「そう、もしそうだとしたら『危ないぞ、ボールが当たるからあっちに行け』という意味になるよと話したね。何か言われてイライラしたら、まずはイライラ秤の術を使って、その後に、周りを見たり考えたりすると良いということね」

　以下、前時にふりかえりワークシートに書いた追加の絵カードの場面を1つずつ振り返り、その場面の意味と、対処の仕方を確認する。

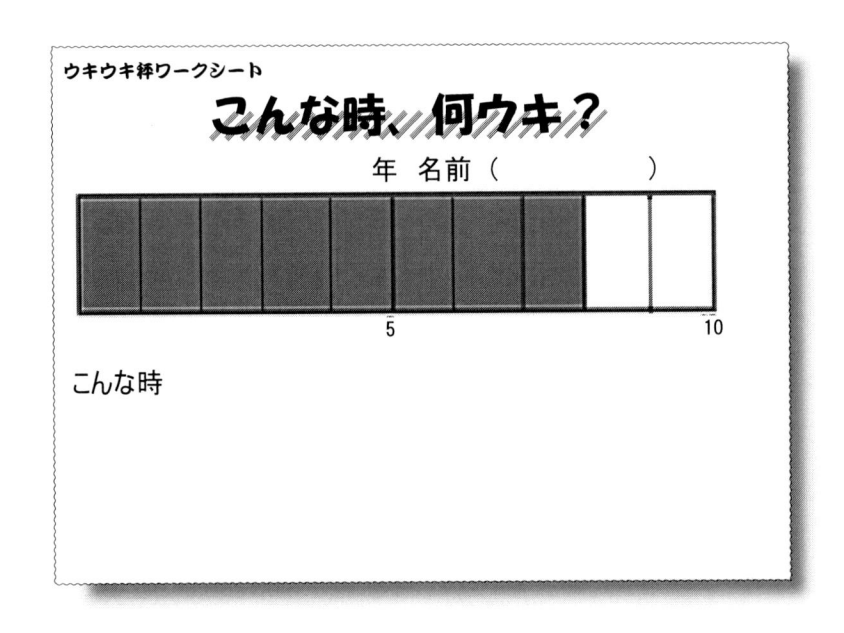

ウキウキ秤ワークシート

こんな時、何ウキ？

年　名前（　　　　　）

　　　　　　　　5　　　　　　10

こんな時

C. 今回もふりかえりワークシート「ガッカリ　ムカムカ　イライラしたことは？」を使い、最近の出来事とその時の体や心の状態についてイライラ秤で数値化したりことば化したりする
（感情を受け容れ、次にどうしたら良いかを考えることの大切さを再確認する）

「今日も、この前と同じ用紙ね。ここに書くことある？」
「……忘れた」
「忘れたら、今日は書けないね。では、今日は、ガッカリ　ムカムカ　イライラではなく、ウットリ　ウキウキ　ワクワクなことを書いてみようか。気分が良かったこと、うれしかったこと、また、こんなことがあれば良いなと思ったこと……ね。今日は、先生もお母さんも一緒に書くことにしよう！」
「まず、先生からね。難しくてずっと置いてあった宿題を、昨日、やっと片付けることができたことかな。ずっと気になっていたので、とてもすっきりした気分。10ウキぐらい。あと、今日の給食がとてもおいしかったこと。それも、10ウキ」
「次は、お母さんに言ってもらって、その次がC君だからね。はい。では、先にお母さん、お願いします」
「昨日の夜見たドラマが良かったです。なかなか皆に理解されなかった主人公が、だんだんと周りにわかってもらえた。というより、周りが変わっていったのかもしれないなと。とても暖かくなるドラマでした」
「暖かく？　ホカホカですね。何ホカぐらいでしたか？」
「8か9ホカぐらいです……ね」

「はい、先生は給食で10ウキ、お母さんはドラマで8か9ホカだったそうです。C君は、どんな良いことがあった？ 教えて」
「昨日したゲームが面白かった」
「ゲームをしている時は、いつも、良い気分なの？」
「多分」
「そう。ゲームが好きなのね。では、イライラ、ムカムカした時には、ゲームをしたらすっきりするのかな。そんなふうに楽しめると良いね」

　ガッカリ　イライラ　ムカムカしたことについては、あまり語りたがらない子は多い。かと言って、それに触れないのではレッスンが先に進まない。このような場合は、担任に予めエピソードを教えてもらっておくと良い。そして、イライラそのものに共感しながら、肯定的な表現を使って、出来事を振り返る。例えば友だちの物を投げて壊してしまったというエピソードがあったら「腹がたったね。10イラぐらい？　でも、人ではなく壁の方に投げたと先生が言っておられたよ。だれも怪我がなくて良かったね」というところから話し始めると良い。

d. 状況の認知絵カードで場面の追加

「この絵の子、何か怒っているね。何があったのだろう？」
「お母さんのせいで……壊れた」
「お母さんが、わざと壊したの？」

使用例　状況の認知絵カード 4-18　（　2-9、2-18、3-12、4-15　）

「そう」
「これ、どんなゲームか、知っている？」
「ひとつひとつ、ブロックを引き抜いていく」
「そう。実はこのゲーム、この男の子と女の子の2人でしていたの。今は男の子の順番だけれど、お母さんに代わってもらったの」
「どうして？」
「どうしてだと思う？」
「こわれるから？」
「そうかもしれない。こわれるかもしれないから、お母さんに代わってもらったのかな」

「お母さんがこわした。代わらない方が良かった」
「うん。代わってもらったのはこの子の判断。その結果、こわれた。こわれたのはこの子の判断の結果だよね？」
「そうかな……」

e. ゲーム

　ジェンガ、ダーツ、オセロ、宝探し迷路、室内野球、カードゲーム類、ドンじゃんけん、スリーヒントゲーム、ジェスチャー、ルーレット、風船バレー、ビンゴゲーム、クロスゲーム、お話作り双六、銀行ゲーム etc

　スリーヒントゲームやジェスチャーが苦手な子は多い。抽象概念の育ちや事物の本質を見分ける力の弱さが影響するからだと考えられる。しかし、指導者と2人、あるいは保護者に参加してもらっても3人という個別の指導の場である。勘違い、思い違いがあっても、それをそのまま説明して訂正することも可能である。野球などの運動系のゲームも、自分のペースでできる。運動が苦手でも、楽しむことはできる。

レッスン 4) イライラ度を数値化することに慣れるとともに、その後のことばについて考える

a. 自分のクラスでもイライラ秤を使用できたかどうか確認する（前回を参照）

b. 前時のふりかえりワークシートの場面のおさらい（前回を参照）

c. 考えてみようワークシート「こんな時、どう言う？」での場にふさわしいことばについて考える

d. 連続絵カードで場面の追加（前回を参照）

その子の実態に合わせたものを 3～5 場面
使用例　連続絵カード（A-3、A-13、A-14、B-6、B-11、C-10）

e. ゲーム（前回を参照）

考えてみようワークシート

「こんな時、どう言う？」

年　　組　名前（　　　　　　）

 友だちにケガをさせてしまった	 たいそうふくをわすれてしまった
 友だちのふでばこをこわせと言われた	 あそぼうとさそったのにことわられた
 けしごむがないからかりたい	 自分がおとしたえんぴつをひろってくれた

レッスン5）イライラ度を数値化することに慣れるとともに、その後の行動について考える

a. 自分のクラスでもイライラ秤を使用できたかどうか確認する（前回を参照）

b. 前時の考えてみようワークシート「こんな時、どう言う？」の場面のおさらい（前回を参照）

c. 考えてみようワークシート「こんな時、どうする？」でその場にふさわしい行動について学ぶ

d. 連続絵カードで場面の追加（前回を参照）

　　その子の実態に合わせて3～5場面
　　使用例　連続絵カード (B-10、B-13、C-3、C-5、C-8、C-11)

e. ゲーム（前回を参照）

　　個々の状態や課題に応じて質問や説明の工夫をしながら指導を進めることが重要である

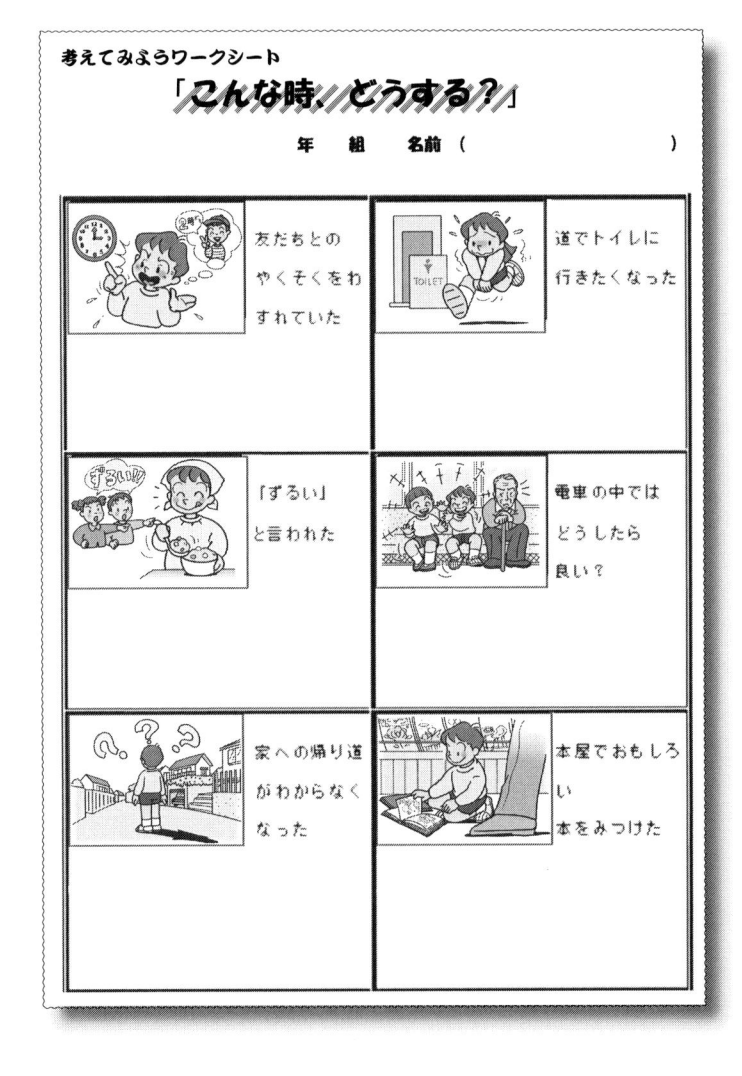

考えてみようワークシート

「こんな時、どうする？」

年　　組　　名前（　　　　　　　）

友だちとのやくそくをわすれていた	道でトイレに行きたくなった
「ずるい」と言われた	電車の中ではどうしたら良い？
家への帰り道がわからなくなった	本屋でおもしろい本をみつけた

5. 絵を使った　児童の特性理解

「どうしてあの子だけに？」

　担任による児童の特性やニーズに寄り添った支援や配慮が、他児の目にはえこひいきとしか映らず、不信や反発につながってしまうことも少なくない。とりわけ自閉症スペクトラムの児童の困難は見えにくく、わかりにくい。ここでは、状況の認知絵カードの絵を使った「スペクトラム児の困難の疑似体験」の取り組みを紹介する。疑似体験で自閉症スペクトラム児の場面状況理解の困難を知り、それが結果としての不適切な言動につながることを確認し、自分たちはどうすれば良いか、どう付き合えば良いかを考えるというのがその流れである。

　人は、一人ひとり、ことばや事象の受けとめ方や感じ方が違う。その違いの1つとしての自閉症スペクトラム児の特異的な受けとめ方、感じ方を知る。理解は、対象児を知ることから始まる。

　対象児の特性を確認し、これからもうまく関わっていく方向を示すために導入として、まずは下記のような視点を確認した。
・例えば、目が見えない子に「しっかり見なさい」とは言わない。
・弱視なら文字を大きくする、コントラストを大きくする、触覚を利用する等の方法をとる。
・全く見えないなら盲導犬や白杖、点字ブロック、音楽付き信号、音声テープ案内、点字案内などの支援グッズもある。
・物をいつも一定の場所に返却するようにしたり、音読したり点字に翻訳したりなど、人が果たす役割も大きい。

要するに、疑似体験をすることで困難を知ることが比較的容易な視覚障害を入口にして、対象児への理解をはかることを考えたわけである。見えないことによる困難を、人の考えていることや感じていることが見えにくい（わかりにくい）ということに置き換えて考えさせたということである。

　まず、掃除場面の状況の認知絵カードについての説明をした。内容は、掃除をするためにバケツに水を汲み教室に入ろうとした友だちがいた。男の子は、その場面状況と友だちの意図がわからず、入口に立ちふさがり道を譲れなかった。それどころか「そこをどけ」ということばに反応して怒り、大きな騒ぎになってしまうというものである。

　もし絵の男の子には、バケツを持っている子は教室に入りたいと考えていることがわからないとしたら「そこをどけ」と言われた時に、怒らずにそこをどくことは簡単だろうか。「そこをどけ」ではなく「掃除のために教室に入るから、そこをどいて」との説明があれば理解ができたのではないだろうかと問いかけた。

　続けて、実際に対象児が困難を示すであろう場面を3例選んで、同じような問いかけをした。

　実は対象児は、絵カードにあるような場面の読みとりの困難だけではなく、ことばを字義通りに受け取って混乱することもある。担任が「漢字は鉛筆で」と指示すると「漢字の練習では、トメ、ハネやハライを確実に書くため鉛筆を使おう」との意図がわからず「連絡帳の漢字はシャープペンシルで書いて良いですか？」と確認した

ことについても一緒に考えた。

　更に、ことばの強い調子に影響を受け「がんばれ」との声援が、励ましではなくただうるさい声、怒っている声にしか聞こえず、自分への応援の声に怒ってしまったというエピソードについても考えた。

　発達障がいの児童への理解は、教師でもまだまだ十分とは言えない状態である。障がい名やその一般的な特性がわかっても、それがすぐに児童への理解や支援・配慮にはつながらない。対象児の困難を、絵や文で伝えることにより理解や支援の質を高めることはできないか。それがこの取り組みの意図であったわけである。

以下、絵を使った児童の特性理解についてのスライドを紹介する。

今日は

みなさんに
お話したいことがあります

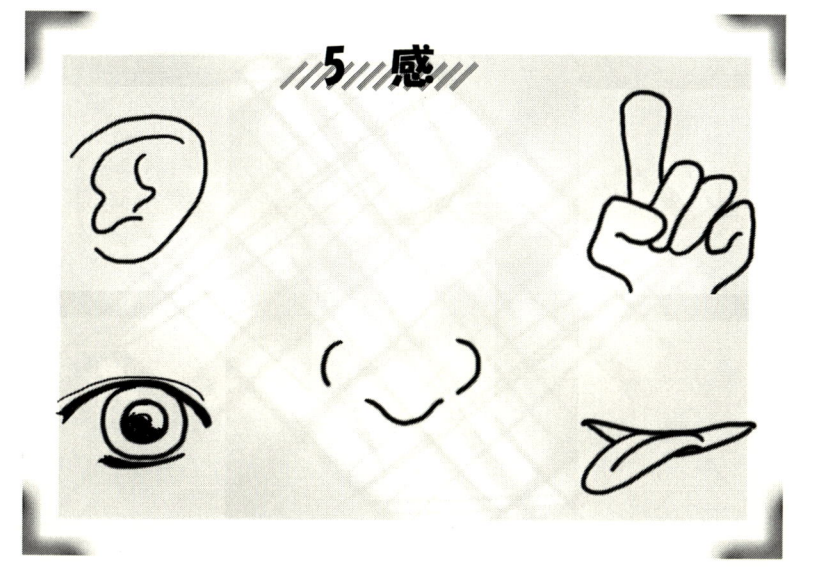

5 感

目が見えないと

危険、不便、困る

盲導犬、白杖、点字ブロック、
音楽つき信号、音声テープ案内、点字

案内、声かけ、
さがさなくても良いように整理整とん、
ろう読や点字のボランティア

察する

他の人が
　　考えていること　や　感じていること
　　　　　　　　　　　　　　　がわかる

もし、

人の考えていることや
感じていることが、

わかりにくかったら・・・・・

バケツを持った子は教室に入りたいと考えている
ことが　わからない　としたら、

おこらずにそこをどくことは、
かんたんですか、むずかしいですか？

後ろの子はえんぴつが落ちたことを伝えようとしている
ことが　わからない　としたら、

背中を叩いたことを怒らずにお礼を言うことは、
かんたんですか、むずかしいですか？

お見舞いを持ってきた友達の気持ち
こんなのいらないと言った時の友だちの気持ち
が　わからない　としたら、

「ありがとう」と言うのは、
かんたんですか、むずかしいですか？

この人たちはお金を取り上げようとしている
ことが　わからない　としたら、

お金を見せずに、その場から逃げること
を思いつくのは、
かんたんですか、むずかしいですか？

どうしたらいい？

ことばを場面と結びつけないで、そのまんまに受け取ってしまう

・そこどけ　　　　→「掃除をするので入るから」とわかりやすく言う
・漢字は鉛筆でと言うと
　連絡帳の漢字はシャーペンで書いていいかと聞いた
　　　　　　　→説明をする

受け取り方が違い、皆とは違う場面で怒ってしまう

・プールの話　がんばれという声が励ましではなくただうるさい声、怒っている声
　　　　　にしか聞こえなかった
　　　　　　→言うのをやめる

「あの時のあの行動は、
　もしかしたらこうだったのかもしれない」
と気がついたこともあると思います。

今度、そんな時があったら、
わかりやすく説明をするなどの手助けを
してもらえると、
本人はとても助かります。

巻末付録

参考文献

坂野雄二著 「認知行動療法」日本評論社 1995

渡辺弥生著「ソーシャル・スキル・トレーニング」日本文化科学社 1996

国分康孝監修 小林正幸 相川充編著「ソーシャルスキル教育で子どもが変わる 小学校」図書文化社 1999

モーリーン・アーロンズ＆テッサ・ギトゥンズ著 飯塚直美訳 「自閉症スペクトラムへのソーシャルスキルプログラム 幼児期から青年期までの統合的アプローチ」スペクトラム出版社 2005

五十嵐一枝編著 「軽度発達障害児のためのSST事例集」北大路書房 2005

キャロル・グレイ著 門眞一郎訳「コミック会話 自閉症など発達障害のある子どものためのコミュニケーション支援法」明石書店 2005

キャロル・グレイ編著 服巻智子監訳 大阪自閉症研究会編訳 「ソーシャルストーリーブック 書き方と文例」クリエイツかも

がわ　2005

キャロル・グレイ他編著　安達潤監訳　安達潤　柏木諒訳「マイソーシャルストーリーブック」スペクトラム出版社　2005

キャロル・グレイ著　服巻智子訳・解説「お母さんと先生が書くソーシャルストーリーTM　新しい判定基準とガイドライン」クリエイツかもがわ　2006

カーリ・ダン・ブロン＆ミッツイ・カーチス著　柏木諒訳「これは便利！　5段階表」スペクトラム出版社　2006

上野一彦　岡田智編著「実践ソーシャルスキルマニュアル」明治図書　2006

ジェド・ベイカー著　門眞一郎他訳　「写真で教えるソーシャル・スキル・アルバム」明石書店　2007

ソーシャルスキルトレーニング絵カードの場面分類一覧

以下のように省略する

危険　危険性を知る
場面　場面状況の認知理解をする
気持　相手の気持ちを知る
意図　相手の意図を知る
ルール　社会生活のルールやマナーを知る
制御　気持ちの切り換え・感情のコントロールの必要性を知る
対処　適切な対処行動を知る

場面の認知（危険回避と約束事）幼年版

危　険（1）　揺れているブランコに近づいた
危　険（2）　人のいる方に思い切りボールを蹴った
危　険（3）　窓の敷居の所に座った

危　険（4）　車道に落ちている光るものを見に行った
危　険（5）　長い棒を振り回して遊んだ
危　険（6）　前方を見ないで歩いた
危　険（7）　自転車の車輪を手で回して遊んだ
危　険（8）　急に向きを変えて走った
危　険（9）　橋の上から身をのり出して川をのぞき込んだ
危　険（10）　ジャングルジムの上で他の子を押した
危　険（11）　砂場で足元をよく見ないで歩いたり、スコップで砂を勢いよくとばしたりした
対　処（12）　お昼寝をしないで騒いだ
場　面（13）　トイレに行きたくなったので、急いで駆け込んだ
場　面（14）　おなかがすいたので、目の前の給食を食べ始めた
場　面（15）　1人でブロックを集めて、大きな建物をつくった
場　面（16）　よく見えるように、前に出て紙芝居を見た
対　処（17）　くつを脱ぎっぱなしにしておいた
危　険（18）　きれいなボールを見つけ、それに向かってまっしぐらに走った
対　処（19）　どんどん本やおもちゃを出して遊んだ
危　険（20）　街の中でお母さんの手を離して、どんどん歩いて行った
制　御（21）　お帰りの時間になっても、ずっと本を読み続けていた
危　険（22）　ひもがあったので引っ張ってみた

連続絵カードA

制　御（1）	次は体育で着替えなければならないのに、ずっとお絵描きをしていた
対　処（2）	机の上に教科書やノートを出しっ放しにしていた
危　険（3）	掃除時間にほうきを振り回して遊んだ
対　処（4）	ぞうきんをしっかり絞らないで机を拭いた
危　険（5）	給食当番で、1人で走りながら食缶を運んだ
危　険（6）	左右を確かめないで歩道から車道に飛びだした
制　御（7）	テストの点が悪かったので腹を立てて破った
制　御（8）	夜の12時近くまでゲームをしていた
対　処（9）	授業中、じっとしていられなくて立ち歩いた
対　処（10）	買い物を頼まれたのに、何を買うのかを忘れた
ルール（11）	拾った財布を自分のポケットに入れた
対　処（12）	授業中、なかなか当ててくれないので騒いだ
対　処（13）	体操服を忘れてしまった
対　処（14）	クラスの子に、他の子の筆箱を壊すように言われた
対　処（15）	帰宅時に、いつもいるはずの母親がいなかった

連続絵カードB

気　持（1）	トイレに行きたくなったので、ドアを強く叩いて早く

　　　　　　　　出るよう促した
気　持（2）　近所の大人の人に「出かけるので帰れ」と言った
対　処（3）　電話に出たが、意味がわからなかったので黙って
　　　　　　　切った
気　持（4）　遊ぼうと誘ったのに断られたので腹を立て、電話を
　　　　　　　切った
気　持（5）　大切なおもちゃに触った友だちに腹を立て、いきなり
　　　　　　　「帰れ」と言った
ル ー ル（6）　消しゴムがなかったので、友だちの机の上にあったの
　　　　　　　を使った
ル ー ル（7）　借りていたおもちゃが壊れたので、遊ぶのをやめて放
　　　　　　　り投げた
制　御（8）　トランプで負けそうになったのがいやだったので、
　　　　　　　カードを投げ出した
場　面（9）　クラスのボールを持ち出して、1人だけで遊ぼうとした
ル ー ル（10）給食当番で、自分のおかずだけ大盛りにした
気　持（11）落としものを拾ってくれたのに、礼も言わずに知らん
　　　　　　　顔をした
ル ー ル（12）留守の家に上がり込んでおもちゃで遊んだ
対　処（13）約束の時刻を忘れていたことに気がついた
気　持（14）お母さんの大事にしているグラスを壊したが、黙って
　　　　　　　ゴミ箱に捨てた
制　御（15）ゲームではなくドッジボールをすると言ったので腹が
　　　　　　　立って、大声で断わった

連続絵カードC

ルール	（1）	おもちゃ屋さんで、欲しかったぬいぐるみを自分のカバンに入れた
意　図	（2）	近所のお兄さんに「おかしを買って一緒に食べよう」と言われその通りにした
対　処	（3）	下校途中にトイレに行きたくなった
制　御	（4）	「そんなのもわからんのか」と言われ腹が立って、相手のノートを破った
ルール	（5）	電車の中で大騒ぎをした
ルール	（6）	社会見学のグループ行動で、1人だけで違う方へ行った
対　処	（7）	プールの着替え時に、パンツも脱いで真っ裸になった
ルール	（8）	電車の中で、隣の知らないお姉さんにもたれかかって寝た
対　処	（9）	友だちが自分の鉛筆を使っていた
対　処	（10）	知らない街で迷子になってしまった
ルール	（11）	本屋さんの床に座り込み、夢中で本を読んだ
ルール	（12）	よその家でお腹がすいたので、冷蔵庫を開けてケーキを食べようとした
対　処	（13）	授業中、ゲームの話がしたくなった
ルール	（14）	教室に面白い鉛筆が落ちていたので、自分の筆箱に入れた

ルール（15）　傘を忘れたので、傘立ての中から適当に選んで差して帰った

状況の認知絵カード１

ルール（１）　公園の利用の仕方のマナー
対　処（２）　問題ができたのですぐに先生の所に行き、マル付けをしてもらおうとした
対　処（３）　スケートボードで遊んでいるそばに、記念撮影をしている人がいた
ルール（４）　電車の中でつり革にぶら下がって大騒ぎをした
対　処（５）　掃除時間、黒板に落書きをして遊んだ
対　処（６）　自転車が電柱にぶつかって泣いている幼児を見たが、素通りした
ルール（７）　図書館の中で大騒ぎをした
対　処（８）　ドッジボールのコートの中を通った
ルール（９）　お店で売り物のおもちゃの新しい箱を開けて遊んだ
ルール（10）　街の中でのマナー
対　処（11）　面白そうな滑り台を見つけたので、すぐに滑ろうとした
場　面（12）　後ろの席の子に背中を叩かれたので怒った
ルール（13）　大きなお風呂（温泉）に入る時のマナー
危　険（14）　教室の中でボールを投げて遊んだ
場　面（15）　雨の中で赤ちゃんを抱いた人が、向こうの方の女の子

場　面（16）　の荷物を持って立っていた
場　面（16）　女の子に荷物を渡そうとしたのに逃げて行った
対　処（17）　大きな荷物を持ったお年寄りに道を聞かれたが「知らん」と言って通り過ぎた
意　図（18）　お母さんが学校に来て「傘は傘立てにあるしね」と言った
意　図（19）　ほうきで掃いていた子が、こちらを向いて「それ、頼む」と言った
意　図（20）　沢山のノートを抱えた先生が「手を貸して」と言った
意　図（21）　知らない人に「お前、金　持っているか？」と聞かれた
意　図（22）　知らない人に「いいものを見せてあげる」と言われた

状況の認知絵カード 2

意　図（ 1 ）　「立入禁止」「アヒルのエサ 100 円」と書いてあったのでその通りにした
気　持（ 2 ）　頭が禿げている人がいたので、その理由を聞いた
意　図（ 3 ）　遊んでいたら弟が泣いた。「何回言えばわかるんだ」と父親に聞かれた
気　持（ 4 ）　太っている子の母親に、栄養について考えてあげた方が良いと教えてあげた
意　図（ 5 ）　「お皿を運んでね」と言われたので、その通りにした
気　持（ 6 ）　訪問した家で嫌なにおいがしたので「この家くさい

			ね」と言った
意	図	(7)	「絵の具を持って帰りなさい」と言われたので、その通りにした
気	持	(8)	お見舞いにいらないものをくれたので「こんなのいらない」と言った
制	御	(9)	かけっこで一番になれそうもないので、腹が立って走るのをやめた
場	面	(10)	喫煙していた中学生に「20歳にならないと吸ってはいけない」と教えてあげた
対	処	(11)	そうではないのに「忘れものをしないようにしようね」と言われた
気	持	(12)	テストが80点だった子に「なんだ、80点か」と言った
場	面	(13)	せっかく「遊びに行こう」と誘ったのに、行こうとしない
意	図	(14)	電話で「お母さんいますか」と聞かれたので「います」と答えた
意	図	(15)	友だちに話しかけたのに「ダメ！」とひどいことを言われた
意	図	(16)	「お風呂を見てきて」と言われたので、その通りにした
意	図	(17)	たこ焼き屋さんに「いくつ？」と聞かれたので「7歳です」と答えた
意	図	(18)	掃除時間にいきなり「じゃまだ、どけ」と言われた
意	図	(19)	「友だちを叩いてはいけない」と言われていたので、叩かないで噛みついた

意　　図（20）	跳び箱を運んでいる子に「そこ持って！」と言われたので、その通りにした
意　　図（21）	「服を着てランドセルを背負って」と言われたので、その通りにした
制　　御（22）	色々な気持ちや表情の絵

状況の認知絵カード 3

ルール（1）	スーパーマーケットでのマナー
ルール（2）	レストランでのマナー
ルール（3）	ハンバーガーショップでのマナー
意　　図（4）	先生が「今度テストをします」と言ったが、何のテストだろうと思った
制　　御（5）	皆が騒いでうるさい。先生が怒った。先生を怒らせた事にも腹が立った
意　　図（6）	「黒板を見て！」と言われたので見た。黒板の字が消えかかっているのが気になる
意　　図（7）	「まっすぐ帰りましょう」と言われたが、まっすぐ進んだら田んぼに落ちてしまう
意　　図（8）	「じっとしてなさい」と言われたが、心臓は止めることはできない
意　　図（9）	「宿題はノートに漢字を書くこと」と言われたのでその通りにしよう

場　面	(10)	教室にだれもいなくなっていたので、仲間外れにされたのだと思った
気　持	(11)	簡単な問題なのに間違える子がいたので「もっとちゃんとやれよ」と言った
制　御	(12)	何度ゲームをしても負けてしまうので、腹が立ってゲーム機を蹴った
場　面	(13)	借りてきたクイズの本に、直接、答えを書き込んだ
気　持	(14)	祖父のお葬式で、祖母に「おばあちゃんはいつ死ぬの？」と聞いた
ルール	(15)	ジュースなどを要求しても良いの？　　　　　　　　　　　　　　　（訪問先でのマナー）
ルール	(16)	引き出しや戸をあけてみても良いの？　　　　　　　　　　　　　　（訪問先でのマナー）
対　処	(17)	電話連絡の仕方 (連絡網)
ルール	(18)	町で会った知らない人に、何でも聞いて良いの？　　　　　　　　　（会話のルール１）
ルール	(19)	だれにでもいつでもどこででも話して良いの？　　　　　　　　　　（会話のルール２）
ルール	(20)	相手が会話中でも、話したいことはどんどん話して良いの？　　　　（会話のルール３）
ルール	(21)	質問に対して質問が返ってきたらどうしたら良いの？　　　　　　　（会話のルール４）
気　持	(22)	面白い虫の話をしてあげようとしているのに聞こうとしない子がいる

状況の認知絵カード 4

意　図	（1）	「先生に返して」と言われたが、先生の物ではないので先生に返すのはおかしい
場　面	（2）	クラスで作ったスイートポテトが余っていたので、食べてしまおうと思った
意　図	（3）	名前を聞かれたので「たくやだよ」と答えた
意　図	（4）	次の時間は体育なのに、先生は算数をすると言った
場　面	（5）	バスの運転手さんが、以前「順番につめて」と言っていたので、今日もそうした
場　面	（6）	荷物はひざに載せるものだから「すわるので荷物をどけてください」と言った
対　処	（7）	全校朝会で話の内容がわからないし、音や臭いも我慢できなかった
対　処	（8）	動いた相手にボールが当たった。相手が悪いのだから謝る必要はない
場　面	（9）	こっちを見て何か言っているので、きっと自分の悪口を言っているのだと思った
意　図	（10）	「ごはんを食べに行こう」と言われた。「いやだ。おかずも食べたい！」
意　図	（11）	「上ぐつを持って帰って」と言われたので、その通りにした

ルール	(12)	相手が1分遅れたら、約束を破ったことになるの？
		（約束時のマナー）
ルール	(13)	食べないと決めているものが出されたらどうするの？
		（訪問先でのマナー）
制 御	(14)	一部を間違えてしまったので、腹が立って全部消した
制 御	(15)	わからない問題を出した先生に腹が立ってテスト用紙を破った
ルール	(16)	借りたおもちゃが壊れたら、放っておいても良いの？
		（貸し借り時のマナー）
場 面	(17)	先生に「体育もできないようでは教師の資格はありません」と言った
制 御	(18)	代わってもらったお母さんがゲームに負けた。「お母さんのせいだ」と怒った
意 図	(19)	「荷物をお預けください」と書いてあるけれど、荷物は持っていない
場 面	(20)	今日は水やりの当番だが雨が降っているので、傘を差して当番をした
制 御	(21)	運動会で、白組の子に「赤組が負けたのはお前らのせいだ」と当たり散らした
場 面	(22)	自分が振り回した水筒が当たったのがわからず、そばの子に殴られたと思った

状況の認知絵カード 中高生版 1

ルール（1）　一部の人にだけお土産を買って来た時はどうするの？
　　　　　　　　　　　　　　　　　　　（土産の受け渡しのマナー）
ルール（2）　お土産を渡しているのを見てしまったらどうするの？
　　　　　　　　　　　　　　　　　　　（土産の受け渡しのマナー）
ルール（3）　お土産をもらったらどうするの？
　　　　　　　　　　　　　　　　　　　（土産の受け渡しのマナー）
場　面（4）　定価10000円の物を特別に1000円にしてくれると言ったので買おうと思った
気　持（5）　知人が事故で大怪我をしたと聞いたので「明日は葬式かもしれない」と言った
気　持（6）　自分がとても気に入った物があったので、知人のも買ってきて、お金を請求した
気　持（7）　約束の時刻に遅れてしまったが、大事な用事があったのだから謝る必要はない
気　持（8）　友だちに「あなたのお母さんは太っている」と見たままのことを言った
意　図（9）　「アンケートに記入してください」と言われたので、その通りにした
意　図（10）「そこの会社でアンケートに答えてください」と言われたので、行ってみよう

| 意　図 | (11) | 知らない人に「財布を落としたので電車代を貸して」と言われたので、貸した |
| ルール | (12) | 人が沢山並んでいるお店ではどうするの？ |

（買い物をする時のマナー）

| 気　持 | (13) | 財布がなくなったので「だれが私のお財布を盗ったの」と言った |
| ルール | (14) | 電車の中ではどんな本を読んでも良いの？ |

（電車の中でのマナー）

| ルール | (15) | 閉じられた空間での望まない結果を避けるための、男女の過ごし方のマナー |
| ルール | (16) | 電車の座席は好きなように使って良いの？ |

（電車の中でのマナー）

気　持	(17)	「あなたとは帰りたくないけど、一緒に帰ろう」と本当のことを言って誘った
場　面	(18)	おいしそうなケーキがあったので、2つ取ろうとした
意　図	(19)	「何か書くものを持っている？」と言われたので可愛いシャーペンを見せてあげた
意　図	(20)	街で「お金を持っている？」と聞かれたので、持っているお金を見せた
場　面	(21)	鞄をなくしたので、中の生理用品のことも説明して探してもらおうとした
場　面	(22)	友だちの携帯で、着メロを次々にダウンロードして聴いた

状況の認知絵カード 中高生版 2

場　面（1）　「明日は映画を見に行く日なので、祖母の葬式には出られない」と言った

ルール（2）　トイレに立たなければならない時はどうするの？
　　　　　　　　　　　　　　　　　　　　　　　（食事中のマナー）

ルール（3）　電車の優先席は疲れたら座れるの？
　　　　　　　　　　　　　　　　　　　　　　（電車の中でのマナー）

対　処（4）　荷物を踏んだが、通り道に置いた相手が悪いのだから謝る必要はない

場　面（5）　バスの中では静かにするものなので、泣いている赤ん坊の母親に注意をした

ルール（6）　知らない家を訪ねてまでトイレを借りても良いの？
　　　　　　　　　　　　　　　　　　　　　　（トイレを借りるマナー）

意　図（7）　「1時に来られる？」と聞かれたので「行けると思うけど」と答えた

場　面（8）　男の人の言う通りにしているだけでお金をもらえるから、そうしようと思った

意　図（9）　水泳部の部室から下着を持ってくるように言われたので、その通りにした

場　面（10）　頼まれたらやってあげないといけないので、授業中にパンを買いに行こうとした

場　面	(11)	生徒に教え方が下手だと言われている先生に、工夫した方が良いと教えてあげた
ルール	(12)	栄養のバランスが良くないと説明をしたい時はどうするの？　　　　　　　　　　　　　（訪問先でのマナー）
ルール	(13)	自分の好みではないお菓子が出された時はどうするの？　　　　　　　　　　　　　　　（訪問先でのマナー）
対　処	(14)	小さい子がうるさいので泣きやませるために殴った
ルール	(15)	電車の中でお化粧をしても良いの？　　　　　　　　　　　　　　　　　（電車の中でのマナー）
ルール	(16)	近所のお姉さんにずっとついて歩いても良いの？　　　　　　　　　　　　　　（女性との接し方のマナー）
ルール	(17)	触りたい時はいつでも女性の身体に触って良いの？　　　　　　　　　　　　　　（女性との接し方のマナー）
場　面	(18)	一緒にお見舞いに行った人が「お元気そうですね」と嘘を言ったのは許せない
場　面	(19)	文化祭の準備で、自分の分担の仕事は終わったので帰ろうとした
ルール	(20)	女性の下着で気になることがある時はどうするの？　　　　　　　　　　　　　　（女性との接し方のマナー）
場　面	(21)	エレベーターの乗り口に「押してください」と書いてあったのでそうした
制　御	(22)	本屋の書棚のシリーズ本の番号順が違っていたので、全部直してしまおうとした

ロールプレイ用プリント
ストレスマネージメント用プリント

次ページからのプリントは
付属のCD-ROMの中にも入っています
印刷してお使いください

年　名前（　　　　　　　）

あいさつ

お礼

あやまる

駅へ行く道を尋ねられる

年　名前（　　　　　　　　　）

・わからない時や答えたくない時ははっきり言う

・わかったらていねいに答える

・お礼を言われたら

駅へ行く道を尋ねる

年　名前（　　　　　　　　）

・あいさつ

・都合をたしかめる

・内容

・お礼

87

時刻を尋ねる

　　　年　名前（　　　　　　　　）

・あいさつ

・都合をたしかめる

・内容

・お礼

やくそくをしよう

年 名前（　　　　　　　　）

・いつ（何時頃から何時頃まで）

・どこで（場所）

・何を（何の遊びを）

● 待ち合わせ

　・いつ（時こく）

　・どこで（場所）

あか公園

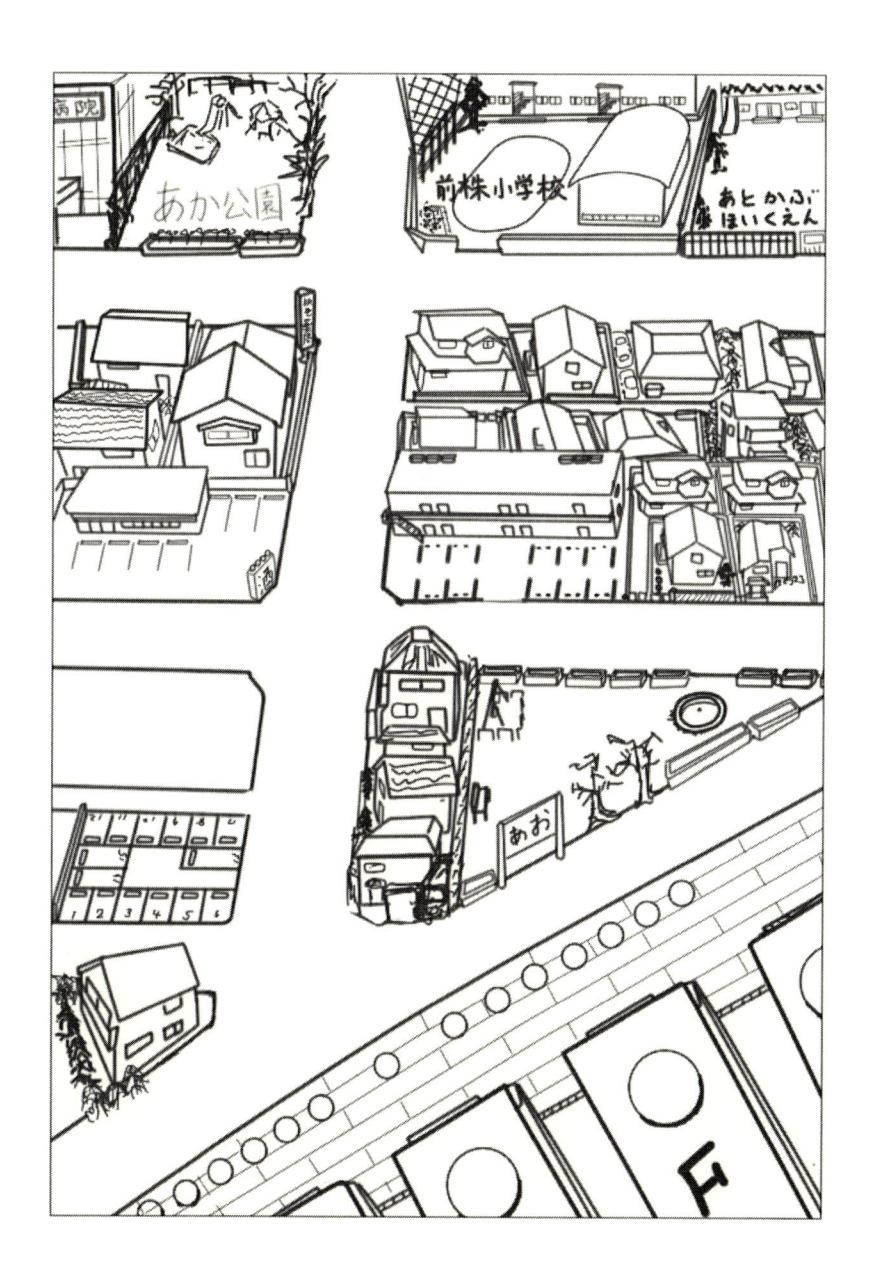

前株小学校　あとかぶほいくえん

あお

F

やくそくをへんこうしよう

年　名前（　　　　　　　　）

・あやまる

・理由

・代わりの方法（へんこうの内容）を話す

やくそくをことわられた

年 名前（　　　　　　　）

・友だちの話を聞く

・代わりの方法（へんこう内容）を確かめる

遊ぼうとさそう

年　名前（　　　　　　　　）

近くに行って
聞こえる声で笑顔で

遊びに入れてとたのむ

近くに行って
聞こえる声で笑顔で

重い机をいっしょに運んでとたのむ

年　名前（　　　　　　　　）

・よびかけのことば

・都合をたしかめる

・内容

・お礼

お金を貸してと言われてことわる

　　　　　年　名前（　　　　　　　　　）

・ことわりのことば

・理由

お母さんを呼んでもらうよう頼む

年　名前（　　　　　　　）

・あいさつ

・理由と内容

・お礼

席をゆずる

年　名前（　　　　　　　　）

・呼びかけ

・内容

・返答

児童の行動と対応　記録表

月日	場面状況	児童の行動	教師の対応	教師の対応への反応	友だちの反応行動
例	授業中 プリントをする時	「こんな簡単な問題するのいやだ」と言ってしようとしない	「授業だから、するべきものはしなさい」ときっぱりとした口調で言う	「やらない」と言って、そばにあった本を読み始める	いつものことといった様子で、ほとんどが自分の課題を黙々とこなしている

イライラ棒ワークシート

こんな時、何イラ?

年　名前（　　　　　　）

　　　　　　　　5　　　　　　　　　10

こんな時

こんな時、何ウチキ？

ワークシート係ちゃらららら

年 名前（　　　　）

　　　　　　　　　　5　　　　　　　　　10

こんな時

ふりかえりワークシート

「ガッカリ ムカムカ イライラしたことは？」

年　名前（　　　　　　　　　）

できごと	どんな感じ？
（例） 漢字のテストを返してもらった。100点だと思っていたのに、最後をはねていないだけでペケにされたのが10こもあった。80点だった。	むかつく。腹が立つ。 もうテストなんかしたくない。

考えてみようワークシート
「こんな時、どう言う？」

年　　組　名前（　　　　　　　　）

絵	場面	絵	場面
	友だちにけがをさせてしまった		たいそうふくをわすれてしまった
	友だちのふでばこをこわせと言われた		あそぼうとさそったのにことわられた
	けしごむがないからかりたい		自分がおとしたえんぴつをひろってくれた

考えてみようワークシート
「こんな時、どうする？」

年　組　名前（　　　　　　　）

	友だちとのやくそくをわすれていた		道でトイレに行きたくなった
	「ずるい」と言われた		電車の中ではどうしたら良い？
	家への帰り道がわからなくなった		本屋でおもしろい本をみつけた

編・著者略歴

元　京都府下　公立小学校　ことばの教室担当
現　京都府下　公私立幼稚園、保育園、こども園　発達心理カウンセラー

所持資格・免許　臨床発達心理士
　　　　　　　　小学校教諭二種
　　　　　　　　特別支援学校教諭二種

1998 年 6 月より　ホームページ　ことばと発達の学習室　主宰
　　　　　　　　　http://www005.upp.so-net.ne.jp/ma2ma3/index.html

●カバー・表紙および本文におけるイラストは、
　「ソーシャルスキルトレーニング絵カード」シリーズ（弊社刊）より使用しました。

カバーデザイン・本文 DTP：山田　彩

絵を使ったソーシャルスキルトレーニング

2009 年 2 月 15 日　初版第 1 刷　発行
2020 年 3 月 10 日　初版第 6 刷　発行

　　　　　　　編・著　ことばと発達の学習室 M
　　　　　　　発行者　鈴木　峰貴
　　　　　　　発行所　株式会社エスコアール
　　　　　　　　　　　千葉県木更津市畑沢 2-36-3
　　　　　　　　　　　電話　0438-30-3090
　　　　　　　　　　　FAX　0438-30-3091
　　　　　　　　　　　URL　https://escor.co.jp
　　　　　　　印刷所　株式会社明正社

©ことばと発達の学習室 M　2009　ISBN978-4-900851-52-8
乱丁・落丁本はエスコアールにてお取り換え致します。